Natalie Klug

Wenn ein Traum dein Leben verändert

Eine heilende Begegnung

Wenn ein Traum dein Leben verändert

Natalie Klug

Bibliografische Information der Deutschen Nationalbibliothek: Die Deutsche Nationalbibliothek verzeichnet diese Publikation in der Deutschen Nationalbibliografie; detaillierte bibliografische Daten sind im Internet über http://dnb.dnb.de abrufbar.

Lektorat: Natalie Klug
Korrektorat: Natalie Klug

Verlag: BoD · Books on Demand GmbH, In de Tarpen 42, 22848 Norderstedt

Druck: Libri Plureos GmbH, Friedensallee 273, 22763 Hamburg
ISBN: 978-3 -7597-4265-0

Inhaltsverzeichnis

1.0. PROLOG

Warum und wie ist dieses Buch entstanden?

Bereits in meiner Kindheit lernte ich den spirituellen Weg kennen. Aber durch äußere Umstände und das Leben bin ich zuerst einen anderen Pfad entlang gegangen. Zwischendurch schickte mir das Universum immer wieder Hinweise, mich auf meine Wurzel zu besinnen. Ich war jedoch eine Meisterin darin, solche Hinweise zu ignorieren und mich auf die Außenwelt zu konzentrieren. Anfang der Zwanziger konzentrierte ich mich darauf, mir Ziele zu setzen, und arbeitete hart und viel, um diese zu erreichen. Es war ein Leben auf der Überholspur und Zeit zum Atmen blieb mir nicht mehr.

Dann, nach zwei Jahrzehnten ohne Pause und Stillstand, fing alles harmlos an. Weitere Zeichen nach innen zu schauen waren da, ich ignorierte sie weiterhin. Ich war völlig überarbeitet, war unausgeglichen und brauchte jeden Tag mehr Coffein. Und als ich den Gipfel meines langen und harten Weges erreichte, zog ein heftiger Sturm auf. (Nur zu deiner Info, Corona ist damit nicht gemeint.) Dieser Sturm zwang mich, mich in meine Höhle zurückzuziehen. Es war ein "Scheiß-Gefühl", so ausgeliefert zu sein. Zu fallen und nicht zu wissen, ob und wann man aufschlägt. Und wie es dann weiter geht.

Während einer Veranstaltung hatte ich eine Begegnung mit einigen Menschen. Und dieses Zusammentreffen machte mir schlagartig klar, dass DAS nicht alles im Leben für mich sein kann. Ich erlaubte mir den Luxus, erstmal in meiner Höhle zu verharren und den Alltag nicht mehr zu 200% zu bewältigen. Ich nahm mir Zeit, um über mich und mein Leben nachzudenken. Und plötzlich schlug es ein wie ein Blitz. Mir war auf einmal klar, was ich für mich und mein Leben möchte. Und, dass ich dem Leben und dem Universum vertrauen darf.

Dass ich den Zielen, die ich mir im Äußeren gesetzt habe, nicht hinterher hetzen muss. In dieser Phase lernte ich, darauf zu vertrauen, dass das Universum genau das Richtige für mich bereithält, wenn die Zeit reif ist. Und vor allem lernte ich, wie wertvoll ich ohne die äußere Welt bin. Einfach nur, weil ich bin. Und so ist dieses Buch entstanden. Durch einen wunderschönen Traum war mir klar, was der nächste Schritt ist. Und an diesem Traum will ich dich teilhaben lassen. Allerdings warne ich dich. Wenn du dich auf diesen Weg begibst, wird es nicht immer nur ein Vergnügen werden. Es werde dir viele holprige Straßen und auch Umwege begegnen und du verfluchst dieses Buch vielleicht auch an manchen Tagen und wirfst es in die Ecke.

Als ich mich auf meine Reise machte, begegnete mir an vielen Tagen eine Umleitung nach der Nächsten.

Es schien kein Ende zu geben und es folgte erst einmal ein Tief nach dem Nächsten. Heute bin ich überzeugt davon, dass das Universum einen ganz bestimmten Plan hatte und mir erst einmal einen Glaubenssatz nach dem anderen um die Ohren warf. Es war eine Zeit, in der bei mir täglich Tränen flossen. Es war nicht immer schön. Im Gegenteil. An manchen Tagen war es verdammt bitter. Jedoch hat es sich gelohnt, durch dieses Feuer zu gehen und sich das ein oder andere Mal dabei zu verbrennen. Die Narben sehe ich heute als Wegweiser und Hilfe, die mir zeigen, was ich besser lassen soll und was gut für mich ist.

Als ich dieses Buch schrieb, wurde mir eine Erkenntnis besonders klar. Meinen Plan für mich und meine Werte hatte ich schon mein ganzes Leben lang in mir. Ich hatte ihn durch die äußeren Gegebenheiten nur erfolgreich weggedrückt und bin teilweise wie ein gehetztes Huhn durch mein Leben gerannt. Aber das Schlimmste an dieser Erkenntnis war, dass ich mein Inneres dabei verleugnete. Und das zu erkennen und sich einzugestehen, war verdammt hart. Das waren die Tage, an denen ich so mit meinem bisherigen Leben haderte. Ich war mir zu dieser Zeit nicht sicher, ob ich es durch diese riesige Feuerwand schaffe. Es war an manchen Tagen ein Kampf. Aber es hat sich gelohnt. Denn mit jedem Schritt durch das Feuer sah ich auch, was aus Schutt und Asche entstehen kann. (Wie der berühmte

Phönix aus der Asche). Und nach all der Dunkelheit und dem Schmerz begann die Sonne wieder zu strahlen. Und die Sonne strahlte sogar etwas heller. Und mein Leben ist für mich schöner und bunter geworden.

Wenn du vielleicht auch gerade durch ein Feuer oder die Dunkelheit gehst, kann ich dir nur raten: halte inne, fühle in dich hinein und mache dann einen kleinen Schritt nach dem Nächsten. Kleine Babyschritte reichen vollkommen aus. Tue dir selbst den Gefallen und stagniere nicht. Das Leben ist dynamisch. Nimm deine aktuelle Situation an und mache jeden Tag einen kleinen Schritt nach dem anderen. Du wirst sehen, wie du mit jedem Schritt etwas mehr heilst und an Stärke gewinnst. Es lohnt sich.

Wie du dieses Buch lesen kannst.
Du kannst das Buch natürlich in einem durchlesen und alle Übungen sofort durchführen. Ich rate dir dennoch, dir am Morgen oder am Abend ein bisschen Zeit zu nehmen und täglich eine Übung durchzuführen. Wiederhole die Übungen so oft, wie du kannst und es dir guttut. Setze dich aber bitte nicht unter Druck. Fühle dich frei, die Übungen so durchzuführen, wie es sich für dich richtig anfühlt. Je häufiger, desto besser. Nutze den freien Platz in diesem Buch, um dir deine Gedanken bei den Übungen zu notieren.

Ich wünsche dir eine wundervolle Reise mit dem Buch.
Lass dich verwöhnen und inspirieren.

Smile & breathe

Deine Natalie

2.0. ERKENNEN UND LOSLASSEN

Tessa fährt mit dem Zug nach Hause, so wie sie es nach einer Fortbildung immer macht. Eigentlich bildet sich Tessa gerne fort, um das Beste in ihrem Job geben zu können. Tessa ist eine erfolgreiche Anwältin, Single und 36 Jahre alt. Sie liebt ihr Leben und sie mag keine Ungerechtigkeiten. Und durch ihren Job hat Tessa die Möglichkeit, sich für Gerechtigkeit einzusetzen. Das ist ihr wichtig. Tessa brennt deshalb für ihre Arbeit und gibt immer 200%. Aber diesmal fühlt Tessa sich anders. Nicht nur, dass im Hochsommer die letzten drei Tage grau waren und es nur regnete. Sie erkennt, es hat sich etwas verändert. Nicht ETWAS hat sich verändert, sondern SIE hat sich verändert. Sie ist an dem Punkt angekommen, an dem es so nicht mehr weiter geht. Da ist sie sich jetzt sicher.

Tessa steigt aus dem Zug und läuft zu Fuß nach Hause. Dabei kommt sie an einer schönen weißen Holzbank vorbei. Die Sonne scheint auf die Bank. Sie setzt sich, um einen Augenblick nachzudenken, bevor sie der Alltag wieder einholt. Sie betrachtet den wunderschönen Eichenbaum, der gegenüber von der Bank steht.

Während Tessa in ihren Gedanken verloren auf der Bank sitzt, nähert sich ihr ein Mann.

Sie kennt diesen Mann nicht. Er setzt sich neben sie und mustert sie. Sie bemerkt es gar nicht. So sehr ist sie in ihren Gedanken verloren. Er spricht Tessa an und sie erschreckt sich fürchterlich. Was will er von ihr? Sie weiß nicht, wer dieser Mann ist. Er hat graue Haare, einen grauen langen Bart und eine dicke Nickelbrille auf. Seine Klamotten sehen alt und nicht sehr gepflegt aus. „Die Wolken sind ganz schön grau über deinem Himmel." spricht er sie an. Tessa kann nichts mit diesem Satz anfangen. Er spricht weiter: „Manchmal sind Krisen da, um das Leben zu verändern. Im Moment scheint alles grau und du siehst deinen Weg noch nicht. Aber ich sehe dein Licht, deine Stärke und ich weiß, dass du deinen Weg gehen wirst. Verkaufe dich nicht unter deinem Wert. Ich sehe, dass so viel mehr in dir steckt." Tessa sieht den alten Mann verdutzt an. Was will dieser Typ in seinen verschlissenen Klamotten nur von ihr? Er schaut Tessa an, erkennt ihre Gedanken und sagt: „Im Moment siehst du nur mein Äußeres und machst dir anhand meiner Erscheinung ein Bild von mir. Aber du weißt nicht mehr, wer ich bin und kennst meine inneren Werte nicht. Nimm das Leben mit deinem Herzen wahr. Nicht mit deinem Verstand." Tessa kommt die Stimme des Mannes bekannt vor. Aber sie kann sich keinen Reim darauf machen. Er reicht ihr ein leeres Buch mit weißen leeren Seiten und einem Stift. „In diesem Buch findest du deinen Weg. Du musst nur den ersten Schritt wagen und die Seiten füllen.

Der Rest kommt von alleine. Wenn ich nicht weiterweiß, denke ich an: E ho`o manawa nui - Nimm dir viel Zeit für Geduld. Ich schreibe und fülle die leeren Seiten mit meinen Gedanken. Das hilft. Und auch dein innerer Kompass wird dich leiten. Ich sehe dein Licht. Du kannst so viel mehr. Ich habe dein Licht immer gesehen. Von Anfang an." Tessa und der alte Mann schauen sich eine ganze Zeit lang an. Seine Augen waren ihr so vertraut und doch so fremd. „Vertraue dem Leben, glaube an dich und lass wieder Freude und Liebe in dein Herz." Sagt der alte Mann. „Nun mach dich auf deine Reise." Er steht auf und geht seines Weges. Was für eine seltsame Begegnung denkt Tessa. Und wieso hat er mein Licht immer gesehen? Sie sitzt noch eine ganze Weile da und betrachtet die Vögel und die Wolken. Was für eine eigenartige Situation und komisches Gespräch.

Er hat Recht. Tessa hat zu lange nur im Äußeren gelebt, auf die Worte und Entscheidungen ihres Umfeldes gehört und sich dabei komplett aus den Augen verloren. Als Kind hatte sie immer auf ihre Intuition gehört. Aber in den letzten Jahren hat sie sich zu sehr von den Worten ihrer Mitmenschen beeinflussen lassen.

Und plötzlich wusste sie, wer der ältere Mann war. Er war vor langer Zeit einer ihrer Mentoren gewesen. Er war einer der wenigen Menschen, der sie in ihrem Leben bestärke, an ihre Fähigkeiten glaubte und ihr immer sagte, dass sie so viel mehr wert ist.

Es war Tessa damals noch nicht klar. Aber nach all der Zeit hatte sie sich weiterentwickelt und ihn dabei vergessen. Es tat ihr auf einmal so unendlich leid. Leid, dass sie damals ihm gegenüber manchmal in ihrer kindischen Art überheblich war und ihn überging. Es war ihre Unsicherheit, die ein solches Verhalten hervorgerufen hat. „Es tut mir leid. Verzeih mir. Ich werde dich immer in meinem Herzen tragen." Flüstert Tessa leise vor sich hin. Tränen traten in ihre Augen. Sie hätte ihm das gerne persönlich gesagt. Aber vor lauter negativer Gedanken über ihr Leben hat sie ihn nicht erkannt. Tessa wusste, dass er ihre Unsicherheit bereits vor vielen Jahren erkannt hatte und ihr nicht böse war. Dafür war sein Herz zu groß. Aber sie wollte ihm trotzdem danken.

Tessa schließt ihre Augen und stellt sich vor, wie der alte Mann bei ihr sitz. Sie sehen sich beide an und lächeln. „Weißt du es jetzt?" Fragt er sie. Tessa nickt, lächelt und sagte: „Ich danke dir so sehr. Du hast mir Halt gegeben, als ich es am meisten brauchte. Und ich habe dir bis heute nicht dafür gedankt. Bitte vergib mir." Auf einmal erscheint Tessa in ihren Gedanken ein Bild, wie der alte Mann seine Hand auf ihre legt und sagt: „Alles ist gut. Alles kommt und geht zu seiner Zeit. Ich wusste immer, dass dieser Augenblick kommen wird. Das Warten hat sich gelohnt. Und du musst mir für nichts danken. Du trägst dein Licht selbst in dir. Du bist stark und hast schon so viele Krisen gemeistert. Vertraue dem Universum. Und vor allem vertraue dir." Tessa legt ihre rechte Hand auf ihr Herz und sagt leise: „Danke, dass du in meinem Herzen bist." Ihre Atmung wird ruhig und um ihr Herz wird es ihr ganz warm. Nach einer Weile steht sie auf und geht nach Hause.

Als Tessa zu Hause ankommt, stellt sie ihre Reisetasche ab, geht ins Bad und betrachtet ihr Spiegelbild. Sie weiß nun ganz klar, dass ihr Leben so nicht weiter geht. Sie nimmt einen Lippenstift aus ihrer Schublade des Badschrankes und schreibt groß auf den Spiegel. „Ich ändere mein Leben - JETZT." Dann geht sie zu ihrem Sofa, setzte sich und schläft augenblicklich ein.

Es ist ein unruhiger und nicht erholsamer Schlaf. Tessa sieht sich, was sie in den letzten Jahren alles geleistet und erschaffen hat. Sie rannte und rannte und kam doch niemals an. Es schien nie genug zu sein. Da fuhr Tessa hoch und wusste es. Sie will nicht mehr rennen. Sie will stehen. Einfach nur stehen und sich endlich ausruhen. Denn sie ist so erschöpft. Sie kann und will vor allem nicht mehr. Darüber ist sie sich im Klaren. Dann schläft Tessa wieder ein. Als sie am nächsten Tag aufwacht, geht sie wie gewohnt ihren Aufgaben nach und ist wie immer pflichtbewusst. Aber was noch viel wichtiger ist … Tessa erkennt, dass sie am gestrigen Tag die wichtigste Entscheidung in ihrem Leben gefällt hat.

Übung: Loslassen

Atme, während du diese Übung liest tief ein und aus. Lasse bei der Ausatmung alle Anspannung in deinem Körper weichen. Entspanne dein Gesicht, deine Stirn, deine Kopfhaut, deinen Hals, deine Zunge, deine Schultern, deinen Rücken, deinen Bauch und dein Becken. Entspanne deine Arme, deine Hände, deine Beine und deine Füße und atme dabei ruhig ein und aus.

Spürst du bereits eine Veränderung im Körper? Sprich in diesem Zustand, in dem du dich so wohlfühlst folgende Sätze nach.

„Ich bin bereit loszulassen. Ich lasse alle Anspannung los. Ich lasse jetzt los. Ich lasse alle Schuldgefühle los. Ich lasse alle Wut los. Ich lasse alle Ängste und Furcht los. Ich lasse allen Neid los. Ich lasse alle Eifersucht los. Ich lasse alle Zweifel los. Ich lasse alle Einsamkeit los. Ich lasse alle Traurigkeit los. Ich löse mich von alten Denk- und Gewohnheitsmustern. Ich bin friedvoll und im Frieden mit mir selbst. Ich bin im Frieden mit meinen Mitmenschen, mit allen Lebewesen dieser Erde, mit dem Universum und dem Lauf des Lebens. Ich bin immer sicher und geborgen.“

Wiederhole diese Übung zwei bis dreimal am Tag. Setze sie vor allem ein, wenn du merkst, dass deine Gedanken negativ werden oder du dich auf Probleme konzentrierst.

Nutze und wiederhole diese Übung immer, bis sie zu einer festen Routine wird.

Du kannst sie überall und jederzeit praktizieren.

18

RAUM FÜR DEINE GEDANKE

3.0. ERSCHAFFE DIR BILDER DEINES NEUEN LEBENS

Am Abend nimmt Tessa das leere Buch des alten Mannes in die Hand, betrachtet es und setzte sich damit in ihren Lieblingssessel. Sie öffnet es und schreibt in die erste Zeile „Wer bin ich?" Tessa starrt einige Zeit nur vor sich hin. Wer war sie? Das weiß sie eigentlich schon lange nicht mehr. Ist sie wirklich noch sie selbst? Oder lebt sie in einer Rolle, die ihr Umfeld und ihre Mitmenschen in ihr gesehen haben. Tessa merkt, welche starken Emotionen diese Frage in ihr auslöst. Sie fängt an zu weinen. Die Tränen strömen nur so aus ihr heraus. Während sie weint, schläft sie dabei ein.

Tessa träumt und ist in ihrem Traum an einem wunderschönen Ort. So schön, wie sie es sich nie hätte träumen lassen. Ein offen gebautes, weißes bezauberndes Haus auf einer Klippe mit Blick auf das Meer. Mit Palmen und spielenden Kindern im Garten. Die Kinder lachen, toben und spielen Verstecken. Tessa lässt sich von dem herzlichen Kinderlachen anstecken. Dieser Ort war so friedlich und freundlich. Solch einen Ort hatte sie noch nie kennengelernt. Sie fühlt sich augenblicklich geborgen und mit Liebe umhüllt. Tessa spürt, dass ihr Körper sich langsam anfängt zu entspannen und sie endlich tief durchatmen kann. Sie lächelt und aus heiterem Himmel sagt eine Frauenstimme hinter ihr:

„Willkommen. Schön, dass du da bist. Ich habe auf dich gewartet." Tessa ist total überrascht und kann nicht antworten. Wer ist diese Frau? „Erkennst du mich nicht?" Fragt die ältere Lady mit ihren kurzen grauen Haaren und ihrem farbenfrohen weiten Kleid. „Wer sind Sie?" Fragt Tessa verdutzt. „Wer ich bin?" Die alte Lady lacht. „Ich bin du. Ich warte schon lange auf dich. Komm zu mir und setzt dich." Tessa kann nicht glauben, was sie hört, aber macht, worum die ältere Lady sie bittet. Tessa kommt sich vor, wie auf einem anderen Planeten. Jedoch ein Planet, auf dem man sich wohl fühlt. „Was mache ich hier?" fragt Tessa. „Wo bin ich? Und wieso bist du ich?" „Setzt dich erstmal und ruhe dich aus. Alles zu seiner Zeit." Antwortet die alte Lady. Tessa setzt sich und spürt, welche Wärme und Herzlichkeit von der älteren Lady ausgeht. „Nun, es ist doch so." Fängt die alte Lady an, nachdem beide eine Weile nebeneinandergesessen hatten. „Du warst dein ganzes Leben lang auf der Überholspur. Du hast erkannt, dass es so nicht weitergeht und hast mit deinem Entschluss etwas zu ändern den ersten Schritt getan. Hast du das Notizbuch des alten Mannes dabei?" Tessa nickt und wunderte sich, warum die alte Lady von dem alten Mann weiß. Da sie in diesem Augenblick komplett verwirrt ist, fragt sie nicht weiter nach. Die alte Lady sagt: „Gut, dann schreibe dir deine Entscheidung rein. Es ist der erste Schritt für ein neues Leben." Tessa zögert, denn das Notizbuch ist noch so rein. Nur ihre Frage „Wer bin ich?" steht darin.

Anschließend legt sie los und schreibt sich alles, was sie in den letzten Tagen, Monaten und Jahren beschäftigt hat, vom Herzen. Die alte Lady sitzt in dieser Zeit ruhig neben ihr und lächelt Tessa zu. „Sehr gut" sagt die Lady. „Wie geht es dir jetzt?" „Ich denke etwas besser", antwortet Tessa. „Sehr schön." Sagt die ältere Lady. „Siehst du die Hängematte hier drüben? Ruhe dich etwas darin aus. Wir sprechen dann später weiter, wenn du erholt bist." „Jetzt ausruhen? So mitten am Tag?" Tessa zögert. „Natürlich, du musst zu Kräften kommen" antwortet die ältere Lady. Tessa legt sich in die Hängematte, bewundert diesen Ort, fühlt sich geborgen und voller Frieden und fällt in einen tiefen und erholsamen Schlaf.

Als Tessa in ihrem Traum an diesem wunderschönen Ort wieder erwacht, ist sie erholt und fühlt sich so in Liebe eingehüllt wie schon lange nicht mehr. In ihr kreisen keine Gedanken. Sie ist so ausgeruht und fühlt, dass hier in diesem Garten und in diesem Haus einer der freundlichsten und friedlichsten Orte ist, die sie bis jetzt in ihrem Leben kennengelernt hat. Tessa steht auf und schaut sich genauer um. Überall blühen bunte Blumen und stehen große Bäume und Palmen. Sie blickt auf das Meer, das seine Wellen sanft zum Strand trägt. Das Licht der Sonne ist noch kräftig golden und hüllte sie ein. Es fühlt sich an wie ein Mantel aus Liebe und Frieden.

Tessa spürt, wie ihr Puls immer langsamer wird und sie anfängt, sich wieder zu spüren und wahrzunehmen.

Sie dreht sich um und macht sich langsam auf den Weg zum Haus. Sie sucht die ältere Lady, die sie selbst war. Sie muss hier irgendwo sein. Tessa geht zögernd in das wunderschöne helle und offene Haus, das so liebevoll eingerichtet ist, dass man diesen Ort einfach gerne hat. Sie schaut sich langsam und in Ruhe jedes einzelne Zimmer an. Alles war so klar und einfach gehalten. Dann entdeckt sie ihr ÄLTERES-ICH in der Küche. „Setzt dich und iss etwas, damit du wieder zu Kräften kommst. Wir haben in den letzten Jahren verdammt viel Energie verbraucht." Vor Tessa steht ein Tisch mit liebevoll angerichteten kleinen Häppchen, reichlich frischem Gemüse und Obst. So, wie sie es liebt. Tessa setzt sich und die ältere Lady kommt zu ihr und nimmt neben ihr Platz. „Hat dir die Hängematte gutgetan?" Fragt die ältere Lady. „Ja, aber ich bin verwirrt", antwortet Tessa. „Warum bist du ich und wieso wusstest du, dass ich zu dir komme?"

Die ältere Lady lacht und antwortet: „Weil ich vor 30 Jahren genau an deiner Stelle war und ich genau auf deinem Platz saß und mit unserem noch älteren ICH gesprochen habe." Tessa hört der alten Lady aufmerksam zu. „Ich war genau wie du an dem Punkt, an dem du heute bist. Ich wusste nicht mehr weiter. Ich hatte mein Vertrauen in mich total verloren. Aber schaue mich an. Ich habe unseren Weg wieder gefunden. Und heute geht es mir so gut. Ich vertraue mir, weiß, wer ich bin und welche Energie in mir steckt. Ich bin so glücklich und dankbar." „Das hört sich gut an. Ich weiß gerade nicht mehr weiter, sehe nicht klar und in welche Richtung mein Weg geht." Antwortet Tessa und wird dabei wieder etwas traurig. „Sieh mich an" sagt die ältere Lady. „Vertraue dir und dem Universum. Du findest wieder zu dir selbst. Nimm dir Zeit und sei geduldig." Sagt die ältere Lady und zwinkert ihr zu. „Krisen sind dazu da, um das Leben zu wandeln. Auch wenn man noch nicht genau weiß, wohin der Weg einen führt. Vertraue dir. Der Rest zeigt sich dann auf dem Weg." Tessa hält kurz inne. So ähnlich hatte sie das doch schon einmal gehört.

Nachdem Tessa und die ältere Lady sich eine ganze Zeit unterhielten, geht sie schon einmal ins Wohnzimmer vor. Dort sieht Tessa eine große Wand mit vielen Bilderrahmen und wundervollen Fotos. Über jedem Foto steht ein Wort. Sie nähert sich der Wand, um die Bilder und die dazugehörigen Überschriften genauer zu betrachten. Sie liest: Gesundheit, Familie, Liebe, Beruf, Kreativität, Freizeit, Finanzen, Spiritualität, Umgebung, gute Veränderung für die Welt.

Die Bilder sind atemberaubend und verbreiteten eine wohlige Atmosphäre in diesem Raum. „Setzt dich, meine Liebe!" Sagt die ältere Lady. Beide setzen sich auf das Sofa. „Was bedeuten die Bilder an der Wand?" Fragt Tessa die ältere Lady.

Diese antwortet: „All das sind meine Träume, die ich mir erfüllt habe. Mein Leben."

Auf dem Wohnzimmertisch sieht sie zehn Bilderrahmen, die noch leer waren. „Die sind für dich." Spricht die ältere Lady. „Befülle jeden Bilderrahmen mit deinen schönsten Träumen für jeden deiner Lebensbereiche. Male dir das aus, was du dir wünscht, in all seinen bunten Farben und Varianten. Schränke dich nicht in deinem Denken ein. Träume groß und mit dem ganzen Herzen. Nimm dir Zeit dafür. Ich bin im Zimmer nebenan." Sie lächelt die ältere Lady an und sagt "E ho`o manawa nui - Nimm dir viel Zeit für Geduld." Und die ältere Lady weiß, dass sie die erste Lektion verstanden hat. Tessa riecht das Meer und spürt die warmen Sonnenstrahlen auf ihrer Haut, die durch das Fenster kriechen. Sie setzt sich hin und beginnt ihre schönsten Träume und Wünsche aufzumalen und auszuschneiden. Sie merkt gar nicht, wie die Zeit vergeht. Aber als sie mit ihren zehn Bilderrahmen fertig ist, ist es bereits dunkel.

Übung: Manifestiere und visualisiere dein neues Leben

Nimm dir ein großes Blatt, ein Whiteboard oder was immer dir gefällt, und mache dir eine Collage aus bunten Bildern, Fotos oder Zeitungsausschnitten. Schreibe dir unter jedes Bild, zu welchem Lebensbereich es gehören soll. Während du dir deine Collage erstellst, ist es wichtig, dass du dir nicht nur die Bilder anschaust. Tauche in jedes Bild mit all deinen Sinnen bewusst ein und klebe dich in die Fotos mit rein. Wenn du zum Beispiel den Traum hast, ein Haus am Meer zu besitzen, dann suche dir ein Foto mit einem Haus am Meer und klebe ein Foto von dir in das Haus oder die Veranda mit auf. So bist du bereits ein Teil deiner Traumwelt.

Lebensbereiche: Gesundheit, Familie, Liebe, Beruf, Kreativität, Freizeit, Finanzen, Spiritualität, Umgebung, gute Veränderung für die Welt.

Du kannst bei dieser Übung gerne weitere Lebensbereiche, die für dich wichtig sind, hinzufügen. Gibt es Lebensbereiche, die gerade überhaupt nicht wichtig sind für dich, kannst du diese auch streichen.

Was siehst du auf dem Bild? Nimm die unterschiedlichen Farben, Farbverläufe und jedes kleine Merkmal des Bildes so genau wie möglich war.

Wie fühlst du dich auf dem Bild? Nehmen wir an, du

schaust auf einen Sonnenuntergang.

Spürst du die Sonne auf deiner Haut? Was löst der Sonnenuntergang in dir aus? Welche Emotionen werden geweckt? Bist du glücklich, fröhlich, traurig? Höre genau in dich hinein. Was riechst und schmeckst du, wenn du auf dieses Bild blickst? Riechst du zum Beispiel das Meer oder frische Bergluft? Was nimmst du beim Anblick des Sonnenuntergangs wahr? Schmeckst du das Salz in der Meeresluft? Hörst du das Meer rauschen? Sei so konkret wie nur möglich.

WICHTIG:

Es reicht nicht nur aus, sich die Bilder anzuschauen. Erlebe die Bilder mit all deinen Sinnen. Und das Wichtigste an der ganzen Sache: **FÜHLE deine Visionen**. Nur wenn du sie mit dem ganzen Herzen fühlst, haben deine Visionen die Möglichkeit, sich zu erfüllen. Versetze dich genau in diese Vision hinein und fühle dich so, als hätte sich die Vision bereits erfüllt. Das mag zu Beginn etwas komisch sein. Gehe das Ganze spielerisch an. Sobald du merkst, dass du dich innerlich unter Druck setzt, mach eine Pause und versuche es nach einiger Zeit wieder. Ein guter Zeitpunkt ist zum Beispiel, während des Einschlafens, während der Busfahrt oder dann, wenn du entspannen kannst. Mit jedem Mal wirst du diese Übung mehr und mehr lieben.

4.0. GEDANKEN WAHRNEHMEN

Die ältere Lady sitzt auf den Treppen, die in den Garten führt und hat zwei Tassen warmen Kakao dabei. Tessa setzt sich zu ihr und beide schauen lange in den funkelnden Sternenhimmel. „Und wie geht es dir nun." Fragt die ältere Lady. Beide sitzen da und sagen lange nichts. Tessa sucht nach den richtigen Worten, aber sie wollen nicht aus ihrem Mund heraus. Alles ist klar und doch komplett durcheinander in ihrem Kopf. Auf einmal weint Tessa und kann gar nicht mehr aufhören. Es ist wie ein Damm, der seit Jahrzehnten, seit ihrer frühesten Kindheit aufrecht und stabil bleiben musste. Und nun stürzen diese Mauern endlich ein. Alles darf sein. Alles ist ok. Tessa weint und weint. Und die ältere Lady schließt sie liebevoll in ihre Arme und hält sie einfach nur fest. Nach einer Weile sagt die alte Lady zu Tessa. „Du bist wertvoll, so wie du bist. Egal was du tust und wie erfolgreich du bist. Du bist ein Geschenk für diese Welt." Tessa weint noch eine lange Zeit und sie spürt, wie gut ihr das tut. Sie nimmt die Liebe dieser älteren Powerfrau war und fühlt sich so mit Liebe umhüllt, geborgen und im Vertrauen.

Nachdem Tessa sich etwas beruhigt hat, sagt sie: „Es ist immer das Gleiche. Ich strenge mich an, renne und renne und tue alles. Aber ich komme auf keinen grünen Zweig."

„Mmmmmhhh, ich verstehe" sagt die ältere Lady. „Hast du dir schon einmal aufgeschrieben, was du alles tust?" „Ja", sagt Tessa. „In all meinen Lebensbereichen gebe ich immer 200%, aber es ist doch nie genug." „Es ist also ein Muster." Antwortet die ältere Lady und richtet ihr farbenfrohes Kleid. „In allen Lebenssituationen gibst du immer 200%. Warum tust du das?" Fragt die ältere Lady. „Ich denke, wenn ich mich anstrenge, dann habe ich ein schöneres Leben. Das wurde mir zumindest so gesagt. Ich muss immer alles geben, damit ich ein besseres Leben habe. Nur dann schaffe ich das. Das ist ein Satz, den ich seit meiner frühen Kindheit höre." „Also ein Glaubenssatz" sagt die ältere Lady.

„Ich komme einfach nicht von meinen alten Glaubenssätzen los" sagt Tessa. „Ich habe schon einige Methoden ausprobiert. Aber da ist immer noch etwas, was ich nicht gelöst bekomme." „Das ist normal" sagt die ältere Lady. „Mit jedem Glaubenssatz, den du löst, kommt ein neuer zum Vorschein. Und weißt du was, das ist ok. Wir Menschen sind wie eine Zwiebelschale. Je mehr Glaubenssätze wir lösen, desto tiefer gelangen wir in unser Unterbewusstsein. Und hier ist immer etwas, was wir noch lösen dürfen. Wir leiden, wenn wir an unseren Glaubenssätzen festhalten. Und dennoch ist unsere Psyche, unsere Energie so daran gewöhnt, an den Glaubenssätzen festzuhalten, dass wir es nicht sein lassen können. Glaubenssätze sind wie der Mörtel einer Mauer.

Wenn wir unsere Glaubenssätze los lassen besteht erst einmal die Gefahr, dass die Mauern unseres Hauses, welches wir uns seit unserer Kindheit aufgebaut haben einstürzen. Deshalb fällt es uns so verdammt schwer, diese Sätze loszulassen. Das Fundament unseres Hauses ist die Psyche und wir bauen unsere Mauern aus Glaubenssätzen darauf. Du lernst noch, die Mauern deines Hauses mit neuem Mörtel, einer neuen Farbe und neuen Glaubenssätzen zu füllen. Es erfordert nur ein wenig Geduld. Du bist nicht deine Gedanken. Du nimmst sie nur wahr. Du nimmst die Welt durch einen Filter wahr, der dir seit deiner frühsten Kindheit auferlegt wurde. Hast du das erst einmal erkannt, wird vieles einfacher." „Das macht Sinn." Sagt Tessa und ist wieder entspannt.

WICHTIG:

Glaubenssätze sind Überzeugungen, die dir, seit frühester Kindheit von einer Autoritätsperson erzählt wurden und du diese unbewusst übernommen hast.

Übung: Gedankenwahrnehmung und Worte wählen

Häufig sind wir uns unserer Gedanken nicht bewusst. Wir haben am Tag bis zu 80.000 Gedanken und nehmen sie gar nicht richtig wahr, weil sie einfach durch das Bewusstsein huschen.

Nimm deine Worte bewusst wahr und schaue dir an, wie du selbst mit dir sprichst. Dein Verstand ist der Anteil, in dem du die meiste Zeit verbringst. Das heißt, die Art und Weise, wie du mit dir selber und auch deinen Mitmenschen sprichst, ist das, was du fühlen wirst. Deine Worte haben einen Einfluss darauf, wie du deine Entscheidungen treffen wirst, wie du Handeln wirst und welche Erfahrungen du machen wirst.

Als du ein Kind warst, hast du alle Worte und Informationen wie ein Schwamm aufgesaugt: wer du bist, wer du nicht bist, was du kannst, was du nicht kannst, ob du liebenswert bist oder nicht. Dadurch sind in deinem Gehirn bestimmte neurologische Pfade entstanden, die immer wieder abgespielt werden. Neurologische Straßen werden so in deinem Gehirn gebaut.

Notiere dir deine Gedanken und Worte und fühle in dich hinein. Wie geht es dir dabei. Fühlst du dich unwohl und klein. Oder bestärken deine Gedanken und Worte dich und lassen dich in dein **Magical-Self** (dein magisches höchstes Selbst) wachsen. Werde dir ganz klar darüber, welche Gedanken du hast und ob deine Worte positiv oder negativ sind. Bewerte deine Gedanken und Worte jedoch nicht. Nimm sie einfach nur wahr und achte darauf, welche Emotionen sie bei dir auslösen.

Jedes Mal, wenn du dich ärgerst, dich selbst klein machst oder negativ mit oder über dein Umfeld sprichst, stärkst du einen deiner negativen Glaubenssätze oder affirmierst etwas Negatives dazu.

Beispiel: Wenn ich mich als Opfer fühle und mich darüber beklage, affirmiere ich diesen Glaubenssatz oder stärke ihn. Gedanken sind wie Samen, die man in die Erde setzt. Schlechter Boden, schlechte Ernte.

Gedanken kann man auch mit Magneten vergleichen. Die Kraft deiner Gedanken erzeugt eine gewisse Energie. Materie folgt der Energie. Wähle deine Gedanken und deine Formulierungen also sorgfältig und achtsam aus. Denke daran, dass deine Gedanken und Worte ein Gefühl in dir auslösen. Sie lassen dich klein werden oder wachsen. Formuliere positive Gedanken und Worte, die dich wachsen lassen. Erschaffe dir die Wände deines Hauses in neuen Farben und pflanze dir gleich noch einen wunderschönen Garten mit Blumen aus positiven Gedanken dazu.

Jeder positive Gedanke bringt Gutes in dein Leben. Jeder negative Gedanke stößt das Gute von dir weg.

"An sich ist erstmal nichts gut oder böse. Das Denken macht es erst dazu." (Hamlet, Akt.2, 2.Szene)

Alles was um uns herum passiert ist erst einmal neutral. Aufgrund unserer Erfahrungen entstehen Filter, durch die wir beurteilen, ob etwas gut oder schlecht ist. Wir entscheiden also selbst, ob wir Gedanken oder Situationen als gut oder schlecht bewerten.

Kommt ein unschöner Gedanke, atme zunächst tief durch. Wie kannst du den Gedanken ändern? Was kannst du stattdessen denken?

Erlaube dir selbst, Situationen, die dich schlecht fühlen lassen einfach zu verlassen. Sowohl physisch wie auch emotional.

Setze den negativen Gedanken in den Korb eines Heißluftballons und lasse ihn davonfliegen. Oder stelle dir vor, wie du deine negativen Gedanken in ein Schiffchen setzt. Stelle dieses Schiffchen in einen Bach, einen Fluss oder ins Meer und lasse es davon schwimmen.

Wähle dann einen neuen positiven Gedanken.

Wiederhole deine positiven Gedanken immer wieder und
fühle dich in sie hinein.

RAUM FÜR DEINE GEDANKEN

5.0. AN ZUVIEL ATEM IST NOCH NIEMAND GESTORBEN

Tessa und die ältere Lady sitzen noch eine lange Zeit da. Plötzlich fühlt Tessa sich unwohl und ihr Herz ist so aufgewühlt. Die Sterne strahlen bereits eine lange Zeit am Himmel. Sie hat das Gefühl, dass sie sich gar nicht mehr beruhigen kann. Irgendwas hat sich in ihr gelöst und die Emotionen, die sie seit Jahrzehnten unterdrücken musste, waren hochgekommen. Die ältere Lady hält sie immer noch in den Armen und sagt ihr: „Atme einfach, atme ganz ruhig und tief ein und aus. An zu viel Atem ist noch niemand gestorben.“

Übung - Atmung

Der Atem ist der Strom alles Lebens. Über den Atem verbinden wir uns damit, woher wir kommen und was nach uns kommt. Der Atem verbindet uns mit allem.

Achte auf folgende Dinge:

Was bringt dich außer Atem?

Was stresst dich?

Was löst dieser gestresste Zustand in dir aus?

Achte auf deinen Atem, wenn du in Hektik gerätst und unter Stress stehst. Wie reagiert dein Körper?

Atmest du flach? Hältst du den Atem vielleicht an?

Je häufiger wir unter Stress stehen, desto mehr gewöhnt sich unser Körper daran, nur noch flach zu atmen oder immer wieder mal den Atem anzuhalten. So verlernen wir, tief und kraftvoll zu atmen. Beobachte dich deshalb ganz genau. Wieder bewusst zu atmen, bringt dich ohne große Umstände wieder zu dir selbst.

Setze dich aufrecht hin oder lege dich hin.

Atme ganz tief in deinen Bauch ein, bis sich dein Bauch nach vorne wölbt. Atme dann ganz bewusst wieder aus. Lass den Atem einfach fließen. Nimm drei bis fünf tiefe Atemzüge. Diese Übung kannst du jederzeit und überall durchführen.

6.0. LASSE DEIN LICHT WIEDER LEUCHTEN

Nachdem Tessa und die ältere Lady einfach nur in die Nacht geatmet hatten, holt die ältere Lady eine Schale von einem kleinen Tisch, der auf der Veranda steht. Es ist eine leere Kokosschale, in der Muscheln und Steine liegen. Sie gibt die Schale Tessa in die Hand und fragt sie: „Was siehst du." Tessa schaut verdutzt. „Wieso fragst du mich das? Es ist eine Kokosschale mit Steinen und Muscheln. Das sieht man doch." „Sehr gut. Das ist richtig. Was siehst du noch?" Fragt die alte Lady. Tessa wundert sich, was das soll. „Kokosfasern, wenn du das meinst. Oder Hohlräume zwischen den Steinen und Muscheln." „Ja, das ist da auch. Aber was siehst du noch?" Fragt die ältere Lady „Ich weiß es nicht." Antwortet Tessa inzwischen ein wenig ärgerlich. Ihr ist einfach nicht klar, worauf die ältere Lady hinauswill. „Siehst du das Licht?" Fragt die alte Lady. „Das Mondlicht, welches in die Schale hinein strahlt." Ja, das sieht Tessa. Sie hatte das Licht gar nicht wahrgenommen. Tessa hatte nur auf die großen Dinge geachtet, die Schatten in der Schale erzeugen. Die ältere Lady antwortet: „In Hawaii gibt es ein Sprichwort: Das Licht ist hinter mir." „Was bedeutet es?" Fragt Tessa.

„In der Geschichte und in der Kultur von Hawaii sagt man, dass jedes Kind in einer vollkommenen Schale aus strahlendem Licht geboren wird. Im Lauf des Lebens gelangen Muscheln und Steine in die Schale, die das Licht verfinstern: Ängste, Selbstzweifel, Ärger, Wut, Groll, Neid und vieles mehr. Mit jeder Muschel und jedem Stein wird das Licht ein bisschen weniger und es wird dunkler in der Schale. Geht das Licht ganz aus, kann es passieren, dass das Innere des Menschen "versteinert." Der Mensch entwickelt sich nicht mehr weiter. Wenn er sich von seiner Versteinerung lösen will, braucht er nur seine Schale umzudrehen. Dann fallen die Muscheln und Steine heraus und das Licht kehrt zurück. Das Licht des Menschen strahlt wieder in die Welt. Er beginnt wieder zu wachsen und zu leuchten. **Dreh also auch du deine Schale einfach um."**

„Das kann nicht so einfach sein" sagt Tessa. „Doch" antwortet die alte Lady. „Es ist deine bewusste Entscheidung, ob du dich in deinem Leben auf das Positive oder das Negative konzentrierst. Du alleine hast es in der Hand und die Verantwortung dafür. Niemand sonst. Was und wer hält dich davon ab, dich auf die positiven Dinge zu konzentrieren, und deine Worte genau auszuwählen?" Fragt die ältere Lady. „Niemand" antwortet Tessa. „Es ist meine Wahrnehmung, meine Entscheidung und meine Gedanken und Worte. Ich alleine habe es in der Hand." „Genau" antwortet die ältere Lady. „Es ist nicht einfach, alte Strukturen, die wir seit unserer Kindheit gewohnt sind zu verlassen. Das macht Angst und verunsichert. Aber nur du entscheidest darüber, welchen Weg du in deinem Leben einschlagen willst."

„Ich danke dir für diese Geschichte", sagt Tessa. „Du hast recht, ich habe mich hin und wieder zu der Opferrolle hinreißen lassen. So musste ich selbst nicht die Verantwortung dafür übernehmen. Es war einfacher, die Schuld bei den anderen zu suchen. Aber ich habe die Verantwortung für mein Leben. Niemand sonst." „Ja, genauso ist es. Nur du kannst dein Leben leben und es so ausrichten, wie du es willst. Niemand sonst."

Übung: Lasse dein Licht leuchten

Manchmal haben wir Angst und Hemmungen davor, unser Licht leuchten zu lassen. Wenn wir uns jedoch weiter entwickeln wollen, müssen wir lernen, das loszulassen, was unser Licht verdunkelt. Auch Negatives ist uns vertraut. Je vertrauter uns Gedanken, Situationen und Handlungen sind, desto schwerer werden wir sie los.

Wir Menschen sind Gewohnheitstiere und gleichen alle Situationen unbewusst mit Erfahrungen aus der Vergangenheit ab. Auch wenn Erfahrungen negativ sind, wählen wir unbewusst lieber das negative Bekannte, als das positive Neue und Unbekannte. Vielleicht bietet uns das Negative auch zu viel Gewinn mit Aufmerksamkeit und Zuwendung. So werden unbewusst immer wieder neue Dramen inszeniert. Oder die Opferrolle verschafft uns immer wieder Mitgefühl von unserem Umfeld. Warum dies also aufgeben? Veränderung kann Angst machen. Angst vor Wachstum, Angst keine Aufmerksamkeit mehr zu bekommen, Angst ins Ungewisse und Unbekannte zu gehen. Die Entscheidung, die Opferrolle, das Drama, den Groll loszulassen ebnet den Weg ins Licht.

Vielleicht macht es dir auch Angst deine negativen Überzeugungen loszulassen, weil du dann nicht mehr genau weißt, wer du bist. Denn paradoxerweise halten wir Menschen auch an negativen Glaubenssätzen, Gedanken und Verhaltensmustern fest, weil sie uns auf irgendeine Art und Weise einen Vorteil verschaffen.

Manchmal haben wir auch einen emotionalen Vertrag mit diesen negativen Überzeugungen, weil wir vor dem Unbekannten mehr Angst haben, als vor dem negativen Bekannten.

Durchführung der Übung

Setze dich aufrecht hin. Schaue dir deine Notizen und Gedanken an. Wiederholen sich Muster oder Gedanken? Welchen Nutzen bringen dir diese Muster oder Gedanken? Überlege dir was passiert, wenn du diese Gedanken, dieses Verhaltensmuster nicht mehr hast. Was passiert dann? Wie reagierst du? Wie reagiert dein Umfeld? Löst dies Angst oder etwas Negatives bei dir aus? Oder vielleicht auch bei deiner Familie und deinem Umfeld?

Notiere dir alles ganz spontan, was dir einfällt.

Stelle dir auch hier vor deinem inneren Auge vor, wie du negative Gedanken oder Muster in ein Schiffchen setzt und sie in einem Bach, einem Fluss oder im Meer davon segeln lässt. Oder setze den negativen Gedanken in den Korb eines Heißluftballons und lasse ihn davonfliegen.

Träume dich dann für eine Minute oder ein paar Sekunden in dein neues „Ich" hinein. Wer bist du, wenn du diese negativen Gedanken und Muster nicht mehr hast? Wer bist du, wenn du dir vorstellst: „Ich bin liebenswert und genug, so wie ich bin. Ich bin richtig, so wie ich bin." Was löst diese Vorstellung in dir aus? Was bedeutet dies für dich?

Vielleicht bedeutet es für dich, Dinge oder Menschen loszulassen.

Vielleicht bedeutet es für dich, aus deiner Komfortzone herauszugehen.

Vielleicht bedeutet es, dich klar abzugrenzen, klar Nein zu sagen und dann von deinen Mitmenschen nicht mehr geliebt oder anerkannt zu werden. Notiere dir auch hier alles ganz spontan, was du in deinem Tagtraum gefühlt hast ohne es zu bewerten.

„Sei dein Licht und drehe deine Schale einfach um.“

RAUM FÜR DEINE GEDANKEN

7.0. VERZEIHE DIR SELBST

Die alte Lady und Tessa sitzen noch bis zum Morgengrauen da. Die Sonne geht bereits langsam auf und alles leuchtet in einem wunderschönen rot. Das Meer, der Strand, das Haus. Es ist so wunderschön und friedlich. So, als ob das Universum gerade eine Friedenspfeife für sie angezündet hat.

„Ich frage mich, warum ich all diese Dinge erst jetzt erkannt habe." Sagt Tessa. „Warum nicht schon früher. Was wäre alles ungeschehen geblieben, wenn ich es früher erkannt hätte." Tessa`s Blick wird traurig. „Hadere nicht mit dir selbst und verzeihe dir. Es ist ok, wie es ist. Es wird immer ein „was wäre, wenn" geben. Das ist das Leben. Und es ist ok, so wie es ist. Jeder geht seinen Weg. Schau dir an, was du durch deine Extrameilen erreicht hast und welche Entwicklung du gemacht hast. Du weißt nicht, ob du heute mit deinen Erfahrungen und deiner Entwicklung so weit wärst, wenn du diese Extrameilen nicht gegangen wärst. Es bringt auch nichts, den Menschen in deinem Umfeld einen Vorwurf zu machen. Die Menschen wissen es selbst nicht besser. Es ist alles ok, so wie es ist. Vertraue dem Leben. Und verzeihe dir und deinen Mitmenschen." Sagt die ältere Lady. „Wenn das so einfach wäre." Sagt Tessa. „Manchmal habe ich das Gefühl, der Schmerz sitzt so tief, dass ich ihn niemals loswerde." Die ältere Lady lächelt Tessa an. „Wir haben uns doch gerade darüber unterhalten, wie und weshalb du deine Gedanken negativ wahrnimmst und wie du das ändern kannst. Ich dachte, du weißt es jetzt." „Ja", sagt Tessa. „Ich weiß es auch, aber es ist gar nicht so leicht. Und wie ich so einfach verzeihen soll, darüber bin ich mir noch nicht im Klaren." „Verzeihen ist nicht immer einfach. Aber es ist der Schlüssel, um alten Ballast loszuwerden." Sagt die ältere Lady. „Wir haben es leider nur verlernt, weil wir in einer Welt leben, in der unsere Egos für uns meist an erster Stelle stehen."

„Wie wahr" sagt Tessa. „Kannst du leicht verzeihen?" Fragt Tessa die ältere Lady. „Ja, aber es hat gedauert. Das schöne ist, dass es jeder lernen kann. Komm mit auf die Veranda und lass uns dort auf die Sessel setzten. Ich zeige dir ein Ritual, das ich von einer alten weißen Frau lernen durfte."

Verzeihungsritual Ho`oponopono

Ho`oponopono bedeutet übersetzt „die Handlung (oder mit der Handlung) (ho`o), in Ausrichtung oder Balance zu den Werten (pono) zu sein." Es drückt aus, aktiv etwas zu tun, um mit allen Menschen, Dingen und Orten in Harmonie zu leben.

Diese hawaiianische Tradition ist eine tiefe komplexe Zeremonie, bei der alle Beteiligten in eine Art spirituelle Mediation gehen. Eine auserwählte Person aus dem Kreis der Ältesten führt durch die einzelnen Phasen hindurch. Jedes (Familien-) Mitglied leistet seinen Anteil, bis das Problem gelöst ist und wieder Frieden hergestellt ist. Jede Familie entwickelt hieraus ihre eigene Zeremonie und ihr Ritual.

Ich habe Ho`oponopono zu einem Zeitpunkt kennen gelernt, an dem ich nur noch mit mir selbst haderte, mir nicht mehr vertraute und mir vor allem nicht verzeihen konnte. Dieses Ritual kannst du nicht nur als Familienritual durchführen. Du kannst es auch selbst bei dir durchführen.

Du kannst Ho´oponopono anwenden, wenn:

- Du dir selbst nicht verzeihen kannst.
- Du deinen Mitmenschen nicht verzeihen kannst.
- Du Konflikte mit deinen Mitmenschen hast.
- Dir Unrecht widerfahren ist.
- Du hoher Mächte um Hilfe bitten willst, weil du deinen Konflikt nicht alleine meistern kannst.

Bevor du dieses Ritual anwendest, vergewissere dich über deine absolute Bereitschaft, dich von negativen Gedanken, Gefühlen, Überzeugungen und belastenden Erlebnisse zu befreien. Je stärker die Verbindung zu negativen Gedanken, Gefühlen, Überzeugungen und Erinnerungen ist, desto schwerer ist es loszulassen. Wie bei einer Schallplatte, die einen Sprung hat, wird immer wieder die gleiche Musik oder Geschichte abgespielt und verfestigt sich. Denke stets daran, dass du die Macht hast dies zu ändern. Du kannst mit diesen Erfahrungen abschließen und dich davon lösen. Sei dir dessen immer ganz bewusst.

Visualisierung während des Rituals

1. Verbindung trennen

Durchtrenne gedanklich, emotional und energetisch die unbewusste Verbindung zu deinem Glaubenssatz, einer Person, einem Gegenstand oder was auch immer dich belastet. Visualisiere hierzu einen Lichtstrahl, ein Blatt oder was auch immer. Diesen Gegenstand schneidest du dann in deiner Vorstellung durch.

2. Energie umwandeln

Vergiss nicht, dass du die Macht hast, die negative Energie in Liebe umzuwandeln. Verwandle die negative Energie in weißes klares Licht oder umgib das, wovon du dich trennen willst, mit weißem klarem Licht. Und gib dann die umgewandelte Energie wieder an das Universum zurück. Stelle dir vor, dass du eine Tasse Wasser ins Meer oder in einen Fluss schüttest.

3. Leere füllen

Fülle die Leere. Damit dein eigenes Universum in dir nicht wieder die gleiche oder eine ähnliche Frequenz anzieht, ersetze die Leere mit Freude, Liebe oder Licht und breite dieses Gefühl in dir aus. Stelle dir vor, wie weiß-goldenes warmes Licht in dich hineinströmt.

Worte während des Rituals

Sprich während des Rituals folgende Worte:

Ich liebe Dich.

Es tut mir leid.

Bitte verzeihe mir.

Danke.

Wenn du noch ein bisschen mehr Vergebung haben willst kannst du diese Worte hinzufügen:

Ich übergebe es an das Universum.

Ich bin bereit, das Außergewöhnliche zu erleben.

Nun lege los. Sprich nun folgende Worte laut aus.

Step 1: Verzeihe dir selbst.

(Dein Name) Ich liebe Dich.

(Dein Name) Es tut mir leid.

(Dein Name) Bitte verzeihe mir.

(Dein Name) Ich danke dir.

(Dein Name) Ich übergebe es an das Universum.

(Dein Name) Ich bin bereit, das Außergewöhnliche zu erleben.

Step 2: Verzeihe einer Person (einem Ort, einem Gedanken), die dir nahesteht. (Name, der Person die dir nahe ist.)

(Name, der Person, die dir nahe ist.) Ich liebe Dich.

(Name, der Person, die dir nahe ist.) Es tut mir leid.

(Name, der Person, die dir nahe ist.) Bitte verzeihe mir.

(Name, der Person, die dir nahe ist.) Ich danke dir.

(Name, der Person, die dir nahe ist.) Ich übergebe es an das Universum.

(Name, der Person, die dir nahe ist.) Ich bin bereit, das Außergewöhnliche zu erleben.

Step 3: Verzeihe einer Person (einem Ort, einem Gedanken), mit der du einen Konflikt hast. (Name, der Person, mit der du einen Konflikt hast.)

(Name, der Person, mit der du einen Konflikt hast.) Ich liebe Dich.

(Name, der Person, mit der du einen Konflikt hast.) Es tut mir leid.

(Name, der Person, mit der du einen Konflikt hast.) Bitte verzeihe mir.

(Name, der Person, mit der du einen Konflikt hast.) Ich danke dir.

(Name, der Person, mit der du einen Konflikt hast.) Ich übergebe es an das Universum.

(Name, der Person, mit der du einen Konflikt hast.) Ich bin bereit, das Außergewöhnliche zu erleben.

Step 4: Schließe dein Vergebungsritual ab, indem du dir noch einmal selbst verzeihst. (Dein Name)

(Dein Name) Ich liebe Dich.

(Dein Name) Es tut mir leid.

(Dein Name) Bitte verzeihe mir.

(Dein Name) Ich danke dir.

(Dein Name) Ich übergebe es an das Universum.

(Dein Name) Ich bin bereit, das Außergewöhnliche zu erleben.

Verwandle die negative Energie in weißes klares Licht. Und gib dann die umgewandelte Energie wieder an das Universum zurück. Stelle dir vor, dass du eine Tasse Wasser ins Meer oder in einen Fluss schüttest.

Fülle die Leere. Damit dein eigenes Universum in dir nicht wieder die gleiche oder eine ähnliche Frequenz anzieht. Ersetze die Leere mit Freude, Liebe oder Licht und breite dieses Gefühl in dir aus. Stelle dir vor, wie weiß-goldenes warmes Licht in dich hineinströmt.

Nachdem du die Worte gesprochen hast und die Visualisierung durchgeführt hast, lade ich dich ein, folgende

Handlungen, die du im Kapitel 3 „Erschaffe dir Bilder deines neuen Lebens" kennen gelernt hast, durchzuführen.

RAUM FÜR DEINE GEDANKE

8.0. POSITIVE AFFIRMATIONEN

Tessa fühlt sich auf einmal so leicht und frei. Wie sie es noch nie gespürt hat. Bereits seit sie ein kleines Mädchen war, musste sie all diese Last tragen und durfte nie ihre wahren Gefühle zeigen. Es war wie ein Befreiungsschlag, der sie zu ihrem **Magical-Ich** bringt. Nie hatte Tessa so etwas gespürt. Diese Leichtigkeit, einfach zu sein, gut zu sein, geliebt zu werden.

Die Sonne steht bereits hoch am Horizont und alles leuchtet in einem wunderschönen Licht. „Wie geht es dir jetzt?" Fragt die alte Lady. „Ich fühle mich so frei und gut wie noch nie in meinem Leben. Als hätte sich eine neue Welt für mich aufgetan. Ohne, dass ich rennen muss und 200% geben muss. Ich weiß jetzt, dass alles gut wird. Alles ist bereits in mir. Ich muss es nur zulassen und meine Samen pflegen und meine wunderschönen Blumen in meinem Garten hegen. Alles ist da. Das Universum ist immer mit mir. Und ich sehe es an dir, dass die Welt einfach schön ist. "

„Bist du bereit, deinen Weg alleine weiter zu gehen?" Fragt die alte Lady. Tessa antwortet „Ja, das bin ich." „Du weißt, dass du jederzeit an diesen Ort zurückkommen kannst. Ich bin immer für dich da. Dieser Ort ist jederzeit für dich da. Und bevor du gehst, möchte ich dir noch etwas mitgeben." Die alte Lady holt eine wunderschöne kleine Truhe aus Holz heraus. Im Deckel und an den Seiten sind Muscheln, Wale und Delfine eingeschnitzt. „Diese Truhe ist für dich. Lese dir den Inhalt der Truhe so oft wie es geht durch. Verinnerliche ihn und fühle ihn. Ich bin immer bei dir." Tessa und die alte Lady umarmen sich eine lange Zeit. Und Tessa hat das Gefühl, dass ihre Herzen gerade die Liebe, die sie in den letzten Stunden zueinander aufgebaut hatten, austauschen. Die alte Lady streicht ihr über die Wange und Tessa läuft langsam los. Nach ein paar Schritten dreht sich Tessa noch einmal zur alten Lady um. Sie lächelt und winkt ihr zu.

Und obwohl Tessa gerade nicht wirklich weiß, wie ihre Zukunft aussehen wird, weiß sie sicher, dass sie auf dem richtigen Weg ist. Als Tessa am Meer ankommt, setzt sie sich etwas abseits auf einen Stein am Strand, öffnet die Truhe und beginnt zu lesen.

Gedanken sind Affirmationen

Affirmationen sind Gedanken, die unser Leben erschaffen. Du kannst nicht nicht affirmieren. Die Frage ist - wie denkst du. Bringt es dich weiter, wenn du dich selbst klein machst? Wahrscheinlich ehr nicht. Das Leben wird anstrengend und traurig. Aber was passiert, wenn du deine Gedanken und Worte positiv wählst? Dann kann das Leben zu einem wahren Geschenk werden. Die Gedanken dir wir denken, kreieren unsere Zukunft.

Ich war selbst jemand, der in allen Dingen des Lebens meist ehr Probleme gesehen hat und an das Negative dachte. Da Materie der Energie folgt, wurde das meiste in meinem Leben dann auch sehr schwer und anstrengend. Bis ich erkannte, dass meine Gedanken meist negativ statt positiv sind und ich anfing, meine Gedanken positiv zu wählen. Am Anfang war das nicht leicht. Aber mit der Zeit wurde es einfacher und ich fühlte mich immer wohler damit. Es ist eine Übungssache, das Glas halbvoll statt halbleer zu sehen. Und mit ein wenig Geduld schaffst auch du es.

Affirmationen für dich

Ich lebe in der Gegenwart.

Ich gebe und empfange bedingungslose Liebe.

Das Universum ist unerschöpflich reich.

Ich bin wertvoll.

Mein Wert als Mensch hängt nicht von meiner Arbeit und von meinem Erfolg ab.

Alles entfaltet sich zu meinem höchsten Wohl.

Ich bin liebevoll.

Ich bin glücklich.

Ich bin gesund.

Ich bin voller Liebe.

Ich bin ein Glücksmagnet.

Ich bin wertvoll, so wie ich bin.

Ich bin stolz auf mich.

Ich bin ein Licht für die Welt und alle Lebewesen auf dieser Erde.

Ich lebe in einer liebevollen Beziehung zu mir selbst.

Ich öffne mich für das Leben, das nun vor mir liegt. All meine Wunden dürfen nun heilen.

Ich wähle liebevolle und friedvolle Gedanken.

Ich liebe das Leben und das Leben liebt mich.

Liebe strahlt in mein Leben und ich reflektiere sie in die Welt zurück.

Wundervolle neue Möglichkeiten treten in mein Leben.

Alles entfaltet sich zu meinem höchsten Wohl.

Ich bin sicher und geborgen. Das Universum ist immer für mich.

Die Vergangenheit ist vorbei und besitzt keine Macht mehr über mich.

Mein Denken jetzt in diesem Augenblick erschafft meine Zukunft.

Ich weigere mich weiterhin hilflos zu sein.

Ich mache mich jetzt frei von der Vergangenheit und lebe im Jetzt

Ich bin bereit zur Vergebung. Ich bin bereit zur Heilung.

Ich vergebe mir, dass ich nicht vollkommen bin. Ich kann mich jetzt gefahrlos von allen negativen Kindheitserfahrungen lösen und mich für die Liebe öffnen.

Ich wähle meine Gedanken und Worte liebevoll aus.

Ich bin bereit loszulassen. Ich lasse alle Anspannung los.

Ich gebe mir die Erlaubnis in Frieden zu leben.

Ich lerne jeden Tag dazu und entwickle mich ständig weiter.

Meine Meinung wird von meinen Mitmenschen geschätzt und respektiert.

Ich übernehme die Verantwortung für mein Leben. Ich bin frei.

Ich ruhe entspannt in meiner Mitte und nehme die Vollkommenheit meines Lebens dankbar an. Alles ist gut.

Durch mein eigenes Denken erschaffe ich meine Erfahrungen.

Das Leben liebt mich.

Ich bin jederzeit sicher und geborgen. Das Universum ist immer für mich.

Liebe umgibt mich. Ich bin liebenswert, liebensfähig und ich werde geliebt.

Ich kann gefahrlos mein Herz öffnen und die Liebe hineinlassen.

Als Tessa aus ihrem Traum aufwacht, braucht sie einen Moment, um zu verstehen, dass sie sich immer noch auf ihrem Sofa in ihrer Wohnung befindet. Der Himmel draußen ist grau, aber dennoch spürt sie die wenigen Sonnenstrahlen, die durch eine kleine Lücke in der Wolkendecke auf sie herabfallen. Die Sonnenstrahlen auf ihrer Haut fühlen sich wie eine warme Wolldecke an, die sie komplett einhüllt.

Tessa schaut einen langen Moment aus dem Fenster und atmet einfach nur ein und aus. Ganz in Ruhe. Dann realisiert Tessa, dass dies nicht nur ein wunderschöner Traum war. Es war ihre Zukunft, die sie voller Freude erwarten wird. Sie setzt sich auf ihr Sofa, klappt das Buch des alten Mannes mit den leeren Seiten vor sich auf und beginnt zu schreiben. Sie schreibt den ganzen Tag, denn der Traum hat sie völlig überwältigt. Und sie erkennt, dass die Übungen ihres wunderschönen Traumes wichtige Bausteine für ihr neues Leben sind. Indem sie diese Tools regelmäßig anwendet, helfen sie ihr, eine neue Richtung in ihr Leben einzuschlagen. Und sie muss nicht mehr nur rennen und 200% geben. Sie kann sich nun in Ruhe auf die Reise zu sich selbst begeben, herausfinden wer sie ist und was für sie die wichtigen Dinge in Ihrem Leben sind. Und das mit ganz viel Zeit und viel Geduld.

9.0. EPILOG

Ich hoffe, dieses Buch hat dir Lust gemacht, dich noch tiefer zu entdecken und dich auf eine spannende Reise zu dir selbst zu machen. Wenn du erst einmal verinnerlicht hast, dass du die Quintessenzen deines Lebens täglich neu wählen und frei entscheiden kannst, stehen dir täglich neue wunderbare Entdeckungen offen. Denn du bist kein Rädchen in einem großen Getriebe. Du bist ein einzigartiges, tiefgründiges Wunder. Egal wie viel du bereits über dich zu wissen glaubst, es gibt immer noch mehr zu entdecken.

Ich wünsche dir, dass du dir es wert bist, heute, morgen, übermorgen und den Rest deines Lebens neugierig bleibst und dich immer wieder selbst überraschst. Entdecke dich täglich neu auf deiner nie endenden Abenteuerreise. Denn das Leben ist kostbar. Genieße jeden Augenblick im JETZT und gib dich voll und ganz deinem Leben hin.

Danke, dass du dir den Raum und die Zeit genommen hast, um dieses Buch zu lesen. Ich danke dir, dass du diese Zeit mit mir verbracht hast.

Ich wünsche dir ein glückliches Leben. Smile & breathe.

Deine Natalie

10.0. ÜBER DIE AUTORIN

Natalie Klug

Natalie Klug, geboren 1982, ist Autorin, Coach, TCM-Expertin und Podcasterin. Mit ihren erfolgreichen Podcasts „Love, Peace & Consciousness" und „TCM smart & easy" hat sie eine neue Bewegung ins Leben gerufen, die Traditionelle Chinesische Medizin mit Persönlichkeitsentwicklung und Spiritualität zu vereinen.

Auf der Website www.natalie-klug.de findest du wertvolle Informationen und Videos… rund um die Themen der Persönlichkeitsentwicklung.